DER WEG IN
Deine Mitte

ACHTSAMKEIT· GELASSENHEIT · MEDITATION

INKL. ÜBUNGEN FÜR JEDEN TAG

Inhaltsverzeichnis

Einleitung

Liebe Leserin, lieber Leser,

wünschen wir uns nicht alle hin und wieder, gelassener zu sein? Konflikte mit unseren Mitmenschen oder auch im eigenen Inneren sachlicher angehen und damit konstruktiver lösen zu können? Wollen wir nicht alle unsere Ängste und deprimierenden Muster abschalten oder wenigstens reduzieren? Den Bezug zu uns selbst wiederherstellen? Also ich kann an dieser Stelle meine Hand heben und sagen: „Yes, ich gehöre zu denen, die gerne manchmal ein bisschen ruhiger wären."

Wer ich bin? Ich bin Julia. Eine junge Allgäuerin, die einen lebenden und einen verstorbenen Sohn hat, die angestellt ist und zusätzlich ein Kleingewerbe führt, die ehrenamtlich arbeitet und den Hang zum Perfektionismus noch lange nicht überwunden hat. Mein Haus ist (fast) immer ordentlich, die Wäsche gebügelt, das eigene und eventuelle Gastkinder mit Essen und Trinken versorgt, der Nachwuchs nach bestem Wissen und Gewissen „erzogen" (ich mag dieses Wort nicht), die Partnerschaft möglichst mit ausreichend Zeit ausgestattet und die Hobbies pflichtbewusst ausgeführt.

Warum ich Dir mitteile, was ich alles im Außen mache? Damit Du mich – wenigstens oberflächlich – kennenlernst und siehst, dass in meinem Leben viel los ist. Und ich denke, ich bin kein Einzelfall. Wir lang ist Deine Liste?

Wir alle, egal ob Mann oder Frau, haben täglich multiple Aufgaben zu erledigen und viele von uns fühlen sich mies, wenn an der ein oder anderen Stelle nicht alles glatt läuft. Oft fühlen wir uns minderwertig, wenn ein Teil des Puzzles schräg hängt oder nicht auffindbar ist. Wir sind gereizt, angespannt oder fühlen uns ausgelaugt. Manchmal sind so viele Schubladen im Hirn offen, dass man gar nicht mehr weiß, um welche man sich zuerst kümmern soll. Kannst Du damit etwas anfangen?

Die gute Nachricht lautet: Das lässt sich ändern. Ich, mit meinen vielen Anforderungen an mich selbst, habe auch schon einiges gelernt. Heute mache ich fast genau so viel wie vor zwei oder drei Jahren, mein Bezug zur Welt und zum eigenen Ich hat sich jedoch massiv verändert. Die Aufgaben und Lektionen, die jeden Tag auf mich warten, sind mittlerweile – meistens - meine Freunde. Ich hadere viel seltener mit meiner Situation, ich finde viel öfter eine kleine Auszeit, ich weiß heute, was mir guttut und was in der jeweiligen Stimmung hilfreich ist. Vor ein paar Jahren hatte ich mit einer schweren Depression zu kämpfen. Ich hatte mich verloren, keinen Bezug zu meinen Bedürfnissen. Die

Überschrift über meinem Leben hätte damals lauten können: „Keine Ahnung, keine Meinung, kein Konzept." Fettgedruckt und in grauer Schrift.

Dass ich heute anders im Leben stehe, habe ich meiner „Höheren Macht" zu verdanken. Vielleicht ist der spirituelle Weg auch für Dich hilfreich. Wenn nicht, lass ihn weg. Ich werde auf den kommenden Seiten immer mal wieder von Gott, dem Leben oder der Höheren Macht sprechen und Du machst daraus das, was für Dich stimmig ist. Manche von uns glauben an ein Schicksal, andere an Buddha, Engel oder Jesus, wieder andere an gar nichts. Jeder Weg ist okay und hat seine Berechtigung. Es geht mir nicht darum, Dich zu irgendetwas zu bekehren, sondern schlicht, Dir Optionen zu zeigen, wie Du mehr bei Dir ankommen und gelassener werden kannst. Wie Du das machst ist mir tatsächlich ziemlich wurscht. Ich habe die Methoden, die mir in meinem Leben dabei helfen, auf dem Boden zu bleiben, in diesem Buch aufgelistet und versuche, sie Dir mit meinen Erklärungen näherzubringen. Du kannst alles mal ausprobieren und danach entscheiden, was Dir hilft und was wegkann. Dann konzentrierst Du Dich darauf, den Weg zu gehen und zu üben, der sich positiv auf Dich und Dein Leben auswirkt. Ich wünsche Dir dafür viel Erfolg und alles erdenklich Gute!

Glaube nichts, weil ein Weiser es gesagt hat.

Glaube nichts, weil alle es glauben.

Glaube nichts, weil es geschrieben steht.

Glaube nichts, weil es als heilig gilt.

Glaube nur das, was Du selbst als wahr er-kannt hast.

-Buddha

Meditation

Der Weg zu allem Großen geht durch die Stille.

-Friedrich Nietzsche

Ich lernte die klassische Meditation kennen, als ich sechs Wochen lang in einer Klinik war und währenddessen versucht habe, der Depression und völligen Erschöpfung zu entkommen. Dort war ein tägliches Ritual, morgens in den großen Saal zu gehen und bei Kerzenschein 15 Minuten lang zu meditieren. Leider hat mir kein Mensch erklärt, was das soll und wieso wir das praktizierten. Ich habe übrigens auch nicht gefragt. Nein, ich fühlte mich irgendwie komisch, weil allen anderen offensichtlich völlig klar war, was da ab geht und ich dachte, ich sei die Einzige, der das morgendliche Rumsitzen nichts, aber auch gar nichts, brachte. Ich muss wirklich lachen, wenn ich heute daran denke, wie ich sechs Wochen lang von Montag bis Freitag auf dem Stuhl saß und mich unwohl fühlte, aber nicht auf die Idee gekommen bin, einen Therapeuten danach zu fragen, wie ich ein besseres Verständnis für Meditation bekommen könnte.

Kennst Du das auch? Manchmal läuft etwas nicht rund aber wir machen nichts! Wir halten aus, sind still, suchen den Fehler bei uns, und handeln und reden überhaupt nicht. Was für eine Verschwendung! Heute bin ich selbstbewusster und habe einen Zugang zu mir, nur deshalb wäre ich heute in der Lage, nachzuhaken und mir Hilfe zu holen. Doch damals habe ich schlicht nicht gewusst, wie ich mit der Situation umgehen soll.

Jedenfalls war dies meine erste Berührung mit Meditation. Einige Monate nach dem Klinikaufenthalt wurde unser zweiter Sohn geboren, der sich im fünften Schwangerschaftsmonat dazu entschloss, nicht lebend auf die Welt zu kommen. Nur aufgrund seines Daseins habe ich erkannt, wie wertvoll Meditation für mich ist. Mein Blick auf alles was ist wurde durch seinen Tod erhellt und klarte sich auf. Nach den ersten Schocktagen, die mit Schmerz, Scham und Wut unterfüttert waren, hatte ich das Gefühl, selbst nochmal geboren zu werden. Ich begann zu meditieren und es war eine Wohltat. Ich fand heraus, wie kraftvoll es ist, nur zu sitzen und zu atmen. Ich merkte, wie sich mein Herzschlag verlangsamte, wie ich meinen Verstand klären und wie ich meinen Körper plötzlich spüren konnte. Heute bin ich ohne Meditation nur ein halber Mensch. Wenn ich nicht meditiere, fehlt mir die innere Ruhe, der bewusste Bezug zu mir selbst. Hätte mir das einer gesagt, als ich in der Klinik völlig verständnislos auf dem Stuhl saß, ich hätte nur den Kopf geschüttelt.

Es gibt natürlich tausend verschiedene Arten zu meditieren. Meine Favoriten sind die Konzentration auf den Atem, das Wiederholen eines Mantras oder das Gebet. Schau Dich in den folgenden Anleitungen um, welche Dir gefallen und sich für Dich stimmig anfühlen. Egal, welche Form der Meditation Du anschließend wählen wirst, wichtig ist immer, dass Du Dir einen Wohlfühl-Ort zauberst, an dem Du komplett ungestört sein kannst. Ich habe mich in Ermangelung eines freien Raumes dazu entschlossen, in unserem Wohnzimmer eine Ecke einzurichten, in der nun dauerhaft eine Decke und ein Meditationskissen liegen, eine Kerze steht, ich Räucherstäbchen anzünden kann und andere schöne Deko-Elemente mich umgeben. Klein, fein, unaufgeregt aber absolut stimmig ist diese Meditationsecke für mich geworden – ich liebe sie. Mein Traum ist es, eines Tages ein eigenes Zimmer zu haben, in dem ich meditieren und Yoga machen kann, wo ich den Schlüssel herumdrehen und die Welt Welt sein lassen kann. Bis dahin hege und genieße ich meinen Meditations-Quadratmeter, man soll ja bescheiden sein (habe ich irgendwo gelesen).

Hast Du einen ruhigen Ort gefunden, selbst wenn er „nur" das Sofa oder eine Bank im Wald ist, setzt Du Dich hin und versuchst, Deinen Rücken in einer geraden und aufgerichteten Haltung zu verankern. Schließe Deine Augen, um ein besseres Gespür für Dein Inneres zu bekommen. Die Hände können nach oben hin offen auf Deinen Knien liegen, vor dem Herzen zu einem Namaste zusammengefügt werden oder einfach nur ruhig auf den Oberschenkeln liegen. Sitzt Du so an einem gemütlichen Platz, hast Du bereits den Großteil für eine gelungene Meditation geschafft. Zur Erklärung: Das Aneinanderlegen der Handflächen vor dem Herzen und die dazugehörige Verbeugung bedeuten die Würdigung des (gedanklich oder tatsächlich anwesenden) Gegenübers. „Ich grüße das Göttliche in Dir." lautet die wörtliche Übersetzung von „Namaste".

Du hättest jetzt gerne noch knallharte Fakten, die Dich dazu überreden könnten, mit der Meditationspraxis zu beginnen? Okay, bitte schön:

Es gibt wirklich unfassbar viele Studien zu unfassbar vielen unterschiedlichen Übungen und ich werde sie nicht alle zitieren. Tatsache ist aber, dass mittlerweile ganze Meditationszentren existieren, die es den Besuchern ermöglichen, zu meditieren und den Ärzten, die Veränderungen zu analysieren. Wissenschaftler fanden unter anderem heraus, dass die Amygdala unseres Gehirns, zuständig für Stressempfinden und Angsterleben, bei den Meditierenden an Substanz verlor. Das Ergebnis waren stark reduzierte Stressmomente und weniger Angst und Befürchtungen der Probanden. Gleichzeitig mit der Abnahme der Substanz in der Amygdala verdichtet sich die Graue Substanz im Hippocampus. Was das bedeutet? Dass der Meditierende wesentlich besser mit seinen Gefühlen umgehen und diese ertragen kann. Außerdem sitzt im Hippocampus ein Lernzentrum, das es uns ermöglicht, neue Inhalte aufzunehmen und zu behalten.

Eine dichtere Graue Substanz haben Meditierende auch im somatosensorischen Cortex, der uns dabei hilft, ein gutes Gespür für den eigenen Körper zu haben. Diese Fähigkeit ist immens wichtig, um körperliche Symptome spüren und bewerten zu können und sich dann um die eigene Gesundheit zu kümmern, statt Krankheiten zu verschleppen und jedes Jahr mehrmals zu Tabletten greifen zu müssen. Das Tolle an diesen ganzen positiven Auswirkungen ist, dass sie uns sogar dabei helfen, in ferner Zukunft noch fit und aktiv zu sein. Wer heute meditiert, betreibt sozusagen Altersvorsorge. Die normalerweise sich verringernde Dichte im präfrontalen Cortex sorgt dafür, dass wir mit zunehmendem Alter Probleme damit haben, logisch zu denken oder kognitiv auf voller Höhe zu sein. Wissenschaftler haben allerdings festgestellt, dass bei Meditierenden die Dichte nicht nur bestehen blieb, sondern sich sogar um bis zu 5% verstärkte. Das heißt, praktisch ausgedrückt, dass meditierende 50-Jährige die Gehirnleistung eines 20-Jährigen haben. Wenn das mal kein Grund ist, endlich loszulegen...

Metta - Meditation

Meditationen wurden in den letzten Jahren vielfach untersucht, ihre Wirkungen beobachtet und analysiert. Auch die Metta-Meditation, die ihren Ursprung im Buddhismus hat, war bereits Grundlage einiger Studien. Beispielsweise eine verhältnismäßig kleine Untersuchung an der University of North Carolina unter 139 Menschen ergab im Jahr 2009, dass sich nach einer mehrwöchigen Metta-Praxis die Beziehungen der Probanden verbesserten, sie intensivere Sinneseindrücke erlebten, achtsamer sein konnten und weniger Beschwerden auf körperlicher Ebene ertragen mussten. Doch mal ganz abgesehen von wissenschaftlichen Exkursen kann ich Dir sagen: Mir hilft die Metta-Meditation vor allem deshalb, weil ich 1. ein Mantra habe, an das ich mich gedanklich halten kann, und 2. dieses Mantra so positiv und liebevoll ist, dass es mir spürbar guttut.

Wie das Mantra lautet? Nun ja, da ich mich nun schon einige Male damit beschäftigt habe, habe ich Menschen getroffen, die die Sätze unterschiedlich verfassten. Der Mönch, der uns 2015 in der Klinik die Metta-Meditation während eines Wochenendes nahebrachte, lehrte uns die folgenden Inhalte:

Möge ich glücklich sein

Möge ich friedvoll sein

Möge ich sicher sein

Möge ich zufrieden sein

Möge ich gesund sein

Diese fünf Sätze sind die Grundlage der Metta-Meditation, die auch auf andere Menschen angewandt werden kann. Du kannst also auch das Mantra „Möge Paul glücklich sein. Möge Paul friedvoll sein." in der Metta-Meditation verwenden. Wichtig ist, dass Du jeden Satz mindestens drei Mal hintereinander gedanklich rezitierst und versuchst, Dich mit einem passenden Bild zu verbinden. Vielleicht gelingt es Dir, den Atem und den Gedanken in Einklang zu bringen. Bei mir funktioniert das einwandfrei und beruhigt mich sehr. Beim Einatmen denkst Du dann „Möge ich", und beim Ausatmen denkst Du „glücklich sein.". Dies einige Male wiederholt macht etwas mit Dir, Du wirst sehen.

Zu Beginn, wenn Du Meditationsanfänger bist, halte Dich mit der Metta-Meditation zunächst nur an Dich selbst. Nachdem Du ein bisschen Übung in der Praxis hast, kannst Du auch enge Mitmenschen einbeziehen und ihnen diese positiven und stärkenden Gedanken schicken. Es wird nicht nur denjenigen, sondern auch Dir guttun, wenn Du ein Mensch bist, der sich oft um andere sorgt. Wenn Dein Kind heute eine besondere Prüfung in der Schule zu meistern hat oder wenn Dein Bruder heute operiert wird, dann stärkt die Metta-Meditation nicht nur die betreffende Person, sondern auch Dich.

Die Königsdisziplin besteht darin, die Beziehung zu unliebsamen Mitmenschen mit den Metta-Sätzen zu befrieden. Wenn Du seit Ewigkeiten oder akut richtig Stress mit jemandem hast - das kann der blöde Nachbar, der verständnislose Exmann, die garstige Ehefrau, der intolerante Chef oder die hinterhältige Freundin sein – dann versuche während der Metta-Meditation ein Bild desjenigen vor Deinem inneren Auge aufsteigen zu lassen und ihm all die guten

Wünsche zukommen zu lassen, die Du gelernt hast: „Möge Silvia glücklich sein. Möge Silvia friedvoll sein.". Oh ja, das ist alles andere als einfach. Doch den Buddhisten war bereits vor hunderten von Jahren klar, dass all unsere Gedanken über andere Menschen reine Projektionen unseres Egos sind – nicht mehr und nicht weniger. Von diesem tiefen Wissen sind wir heute meist abgeschnitten und verharren in kriegerischen Auseinandersetzungen, hassen andere für ihr Verhalten, kreisen gedanklich und verbal immer wieder um augenscheinliche Missstände. Einen inneren Frieden zu finden und anzuerkennen, dass jedes Wesen sein Bestes gibt, ist ein riesiger Schritt in die richtige Richtung, der oftmals ziemlich beschwerlich ist. Und nein, ich bin auch kein Engel, der immer nur das Gute im Menschen sieht. Aber ich spüre jedes Mal, wie die Metta-Meditation mir hilft, mich aus negativen Gedankenstrudeln herauszuziehen und zu erkennen, dass nur mein Ego versucht, sich über jemand anderen zu überheben. Das Witzige an der Sache ist ja, dass sich die Beziehung zu dem so verhassten Mitmenschen oftmals auf wundersame Art und Weise verbessert, sobald man mit der Metta-Meditation begonnen hat. Es scheint eine Art Energie zu geben, die uns alle miteinander verbindet und dafür sorgt, dass Deine Gedanken einen großen Einfluss auf Dein Gegenüber haben. Vielleicht ist Dir das zu viel Hokuspokus, doch ich bin fest davon überzeugt, dass Energie zwar unsichtbar, aber dennoch spürbar ist und großen Einfluss besitzt.

Klassische Meditation

Bei der ganz klassischen Meditation geht es darum, sich währenddessen auf den Atem zu konzentrieren. Du sitzt also an Deinem Platz, schließt die Augen und beginnst, Dich darauf zu konzentrieren, wie sich Dein Brustkorb hebt und senkt, die Nase Deine Atemluft ein- und ausströmen lässt und wie es Dir dabei geht. Natürlich, das klingt easy, und wenn Du nun denkst „Was bitte soll das bringen?" kann ich nur sagen: „Willkommen im Club!" – denn genau das war meine Reaktion in der Klinik, als wir jeden Morgen im Kreis saßen. Aber lass mich Dir erzählen, was diese Form der Meditation verändern kann.

Wir sind es nicht mehr gewöhnt, ruhige Minuten (oder gar Stunden und Tage) zu verbringen, in denen wir mit uns allein sind und ins Spüren kommen. Permanent sehen wir uns äußeren Reizen ausgesetzt, was bewirkt, dass wir uns immer mehr vom eigenen Inneren entfernen. Es ist überaus heilsam, eine Meditationspraxis im Leben zu etablieren, der man regelmäßig nachgeht und übt, sich selbst wieder zu begegnen. In der klassischen Meditation mit Fokussierung auf den Atem funktioniert diese Kontaktaufnahme über den Körper. Du wirst zu Beginn möglicherweise bemerken, dass sich Dein gesamtes System dagegen sträubt, zur Ruhe zu kommen. Die einen erzählen davon, dass sie immer dann pinkeln gehen müssen, wenn sie gerade meditieren wollten, die anderen berichten von einem plötzlichen Juckreiz, der sie befällt und massiv stört. Wieder andere schlafen einfach ein. Wenn auch Du solche oder ähnliche Symptome bekommst, dann kann ich Dir nur raten: Halte durch! Gib nicht auf und lass Dir von Deinem Hirn nicht suggerieren, diese Symptome seien ein Beleg dafür, dass Meditation nichts für Dich ist. Diese Symptome sind lediglich ein Anhaltspunkt für die innere Unruhe, die Dich beherrscht. Je häufiger und länger Du Dich in der Meditation übst, umso stärker werden die störenden Impulse nachlassen und irgendwann hast Du sie überwunden.

Wenn wir den Weg zu unserem Inneren über Erfahrungen mit dem Körper beschreiten möchten, haben wir gute Chancen, uns selbst wieder kennenzulernen. Du sitzt also und folgst ganz konzentriert Deinem Atem. Wenn Du eine Hilfestellung benötigst, dann kannst Du zusätzlich eine Hand auf den Brustkorb legen und damit noch intensiver wahrnehmen, was Deine Atmung im Körper bewirkt. Natürlich wirst Du das nicht zehn Minuten am Stück durchhalten. Unsere Gedanken sind sehr mächtig und unser Verstand ist darauf programmiert, permanent zu beobachten und zu bewerten. Wenn Du also während der Meditation feststellst, dass Du gedanklich gerade beim Geburtstag

Deines Kumpels vor einer Woche bist, dann hole Dich wieder zurück ins Hier und Jetzt – wohlwollend bitte. Wenn Dir die heutige To-Do-Liste in die Quere kommt, dann lasse sie weiterziehen und mache Dir bewusst, dass es ausreichend ist, Dich in einigen Minuten mit ihr zu beschäftigen. Gedanken können nicht abgestellt werden und das ist auch nicht Ziel der Meditation. Was wir lernen können, ist ein gesunder Umgang mit unserem Geist, mit unserem Verstand. Wir können lernen, unsere Gedanken zu bemerken, um sie dann umformen oder beiseitelegen zu können.

Lass die Meditation zunächst nur einige Minuten dauern. Es genügt, wenn Du nach fünf oder zehn Minuten wieder aufstehst, Dich streckst und aktiv wirst. Wenn Du nach einer Weile der Übung feststellst, dass Du gut und gerne noch länger sitzen bleiben kannst, dann folge diesem Instinkt. Solltest Du jedoch auch nach zehn Übungseinheiten noch Schwierigkeiten damit haben, dann kannst Du einen Schritt zurück gehen und Dir ein Wort oder einen Satz aussuchen, das oder den Du als Mantra, als roten Faden hernimmst, um nicht in Gedankenstrudeln zu versinken. Dieser Faden kann „Ich bin Frieden.", „Atem fließt.", oder auch „Ruhe ist in mir." lauten, ganz egal. Wähle einen schlichten Satz oder ein einfaches Wort, das für Dich eine positive Konnotation hat und das sich gut mit Deiner Atmung kombinieren lässt.

Gebet

Tja, beten ist so eine Sache für sich. Nicht jeder ist gläubig und nicht jeder ist religiös. Ich bezeichne mich am liebsten als spirituellen Menschen, obgleich ich Katholikin bin, was allerdings mehr mit meiner Herkunft als mit meiner persönlichen Überzeugung zu tun hat. Dennoch glaube ich an eine Höhere Macht und nenne sie Gott. Wenn ich spüre, dass ich mal wieder Beistand „von oben" brauche, dann verbinde ich die Meditation, in der ich auf meinen Atem achte, mit einem Gebet (und manchmal stehe ich am Fenster, blicke in den Himmel und schimpfe laut mit den Mächten, weil mich alles ankotzt – diese Variante funktioniert auch ausgezeichnet, denn in der Regel reagieren „die da oben" dann recht prompt).

Natürlich kann und will ich an dieser Stelle keine Gebetsvorschläge machen, doch vielleicht hilft es Dir, daran erinnert zu werden, dass wir möglicherweise nicht allein und dass wir Seelen sind, die gerade auf der Erde inkarnieren. Ich persönlich bin mir sicher, dass ein Mensch niemals nur für sich allein steht. Wir wurden geformt aus unendlich vielen Aspekten unserer Ahnen, unserer Lebensgeschichten und unserer grundlegenden Eigenschaften. Selbstverständlich tun wir alle täglich unser Bestes, um finanziell oder familiär voranzukommen, um Ziele zu erreichen und gute Beziehungen zu leben. Doch am Ende müssen wir zugeben, dass wir auch verdammt viel Glück hatten und haben. Hast Du Dir schon einmal Gedanken darüber gemacht, wieso manche Menschen aus einer Krise gestärkt hervorgehen, während andere immer weiter absinken und sich vielleicht sogar irgendwann das Leben nehmen? Woher kommen diese immensen Unterschiede bei beinahe gleichen Voraussetzungen?

Wir können bei jeder Autofahrt zusehen, möglichst regelkonform und defensiv zu fahren, doch ob uns von hinten einer mit 100 km/h reinbrettert, haben wir nicht in der Hand, richtig?! Ob unsere Kinder gesund oder krank zur Welt kommen, können wir nicht bestimmen. Ob unsere Familie und Freunde morgen noch leben, haben wir nicht zu entscheiden. Ob die Sonne scheint oder ob die Blumen blühen liegt nicht in unserem Einflussbereich.

Was ich sagen will, ist: Wir können natürlich viel bewirken, doch am Ende entscheiden nicht wir. Am Ende, in der letzten Konsequenz, dürfen wir alle etwas demütiger werden und uns ehrlich machen, denn wir sind es nicht, die stolz darauf sein können, einer bestimmten Nationalität anzugehören, ein bestimmtes Auto zu fahren, ein gewisses Haus zu bewohnen oder besonders intelligent und gebildet zu sein. Es kann mit einem Schlag alles anders sein und wenn wir uns dazu entschieden haben, unseren Wert an Äußerlichkeiten festzumachen, bleibt oft nicht besonders viel übrig. Und das ist keine Phrase, ich meine das wirklich ernst. Wenn Du Zugang zu irgendeiner Art von Spiritualität hast, dann nutze sie auch in Deiner Meditationspraxis. Ich habe eine Freundin, die zu Engeln spricht, ich habe eine Bekannte, die mit ihren Ahnen in Kontakt geht, meine Oma glaubt fest an Jesus, ich habe einen Verwandten, für den der Buddhismus wegweisend ist, ich habe Freunde, die sich dem Islam zugehörig fühlen, und ich kenne Menschen, die damit gar nichts am Hut haben, sondern Mutter Erde und der Natur mit so viel Dankbarkeit und Sorgfalt entgegentreten, dass es eine wahr Freude ist, ihnen zuzusehen (ich empfinde es schon als meditativ, ihnen beim Ernten von Tomaten beizuwohnen). Ich glaube, auch wenn es bereits Menschen gab, die mir etwas anderes erzählen wollten, dass es vollkommen egal ist, woran wir glauben oder mit wem wir vermeintlich während eines Gebetes in Kontakt treten. All die Ideen, die wir von einem geistigen Führer oder Guru entwickeln, sind doch nur Projektionen unseres Egos und ich glaube, das ist für „den da oben" völlig in Ordnung. Soweit ich das überblicke, geht es in allen Religionen darum, demütig zu sein, sich selbst nicht so ernst zu nehmen und friedvoll zu leben. Da ich mich mit keiner Religion in ihrer Gänze anfreunden kann, gehe ich meinen ganz individuellen Weg, freue mich über die gute Verbindung zu meiner Höheren Macht und beziehe sie immer wieder in meine Meditationspraxis mit ein. Möglicherweise ist ein solcher Weg auch der passende für Dich, wenn Du mithilfe von Meditation gelassener und bodenständiger werden möchtest. Man kann Gebete auch ganz unkonventionell ausdrücken, etwa wie die Künstlerin von *Karindrawings*:

„Dear lieber Gott,
konntest Du mir heute zu den üblichen
Konditionen eine ordentliche Portion
wild und gleichzeitig stiller Bergsee (in
mir drin), inklusive Urvertrauen und
alles easy going liefern? Express wäre gut.
Danke!"

Achtsamkeit

Achtsamkeit ist ein aufmerksames Beobachten, ein Gewahrsein, das völlig frei von Motiven oder Wünschen ist, ein Beobachten ohne jegliche Interpretation oder Verzerrung.

- Krishnamurti

Meditation ist Achtsamkeit pur, und unser Körper ist ein wunderbares Tool, das wir uns zunutze machen können. Es gibt jedoch noch haufenweise anderer Wege, achtsam zu sein und Achtsamkeit in den Alltag zu integrieren.

Vielleicht erinnerst Du Dich an die schöne Aufzählung meines täglichen Brotes, und hast auch gedanklich parat, was

Du den lieben langen Tag so alles meisterst. Und falls nicht, also falls Du zu den vielen Menschen gehörst, die überhaupt nicht auf dem Schirm haben, wie viel sie täglich stemmen und wofür sie alles verantwortlich sind, dann schreibe Dir ruhig mal einige Tage nacheinander abends auf, was Du so getan hast. Bei uns wird der Umfang der Aufgaben immer schön deutlich, wenn ich krank im Bett liege und mein herzallerliebster Partner die Dinge erledigen muss, die ich sonst übernehme. Neulich meinte er mit hängendem Kopf: „Also Julia, wenn Du ausfällst, dann ist das echt stressig.". Jo, dem ist nichts hinzuzufügen. Natürlich ist es genauso anstrengend, wenn er mal krank ist oder wenn andere Menschen, die uns unterstützen, nicht verfügbar sind. Was man hat merkt man immer erst, wenn man es vermisst. Doch ich verzettele mich. Was ich sagen will, ist, dass es natürlich nicht einfach ist, in einem so vollen Alltag, wie die meisten von uns ihn leben, noch Zeit und Kapazitäten für Achtsamkeitsübungen zu finden. Und ja, auch ich, die hier große Reden schwingt, bin nicht dauerhaft achtsam und gelassen. Mein Diplom in Sachen Gelassenheit ist quasi in Bearbeitung. Loading. Haha.

Jetzt gehen wir die Sache also man ganz pragmatisch an und überlegen uns, wie viele Minuten pro Tag wir uns vorstellen können, Achtsamkeit zu üben. Zwei Minuten? Oder drei? Ich glaube, das reicht für den Anfang. Im Folgenden findest Du einige Tipps und Ideen für ein achtsameres Leben. Suche Dir zwei oder drei Impulse heraus, die sich für

Dich stimmig und praktikabel anfühlen und nimm Dir vor, diese ab sofort täglich zu üben. Viel Spaß dabei!

Morgen-Routine

Ich persönlich hab's auch schon versucht mit der achtsamen Morgen-Routine, aber aktuell will das nicht so richtig klappen. Ich bin morgens einfach viel zu müde und liege lieber so lange im Bett, wie nur irgend möglich. Viele Menschen jedoch praktizieren einen ruhigen und sich täglich wiederholenden Rhythmus, um gelassen und positiv in den neuen Tag zu starten. Du kannst während Deiner Morgen-Routine meditieren, einen kleinen Spaziergang machen (morgens um 6 Uhr, wenn alle anderen noch schlafen, das ist wirklich cool!), Yoga oder andere Sportarten praktizieren oder einfach schweigend eine Tasse Tee trinken und bei Kerzenlicht am Tisch sitzen. Wurscht, was Du machen wirst, es geht einzig darum, Dir selbst etwas Gutes zu tun und den Tag selbstbestimmt und in Stille zu beginnen. Es geht darum, bei Dir selbst zu sein. Dazu stellst Du Deinen Wecker etwas früher als gewöhnlich. Ich kenne Menschen, die tatsächlich eine ganze Stunde früher aufstehen, als sie müssten, und ihnen sei an dieser Stelle Respekt gezollt. Vielleicht ist es für Dich jedoch auch ausreichend, 20 Minuten eher aufzustehen – entscheide ganz individuell.

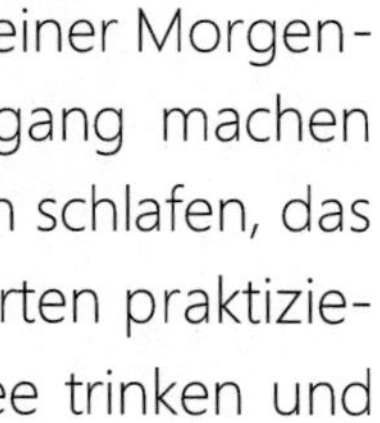

Achtsames Essen

Wir alle essen über den Tag verteilt einige Male. Ich weiß nicht, wie es Dir geht, aber bei uns gestalten sich die Mahlzeiten so, dass wir gemeinsam am Tisch sitzen und miteinander reden. Ich liebe diese Momente und mag sie auch nicht missen. Doch falls Du ab und an allein isst und vielleicht sogar währenddessen der Gewohnheit verfallen bist, Radio zu hören oder TV zu sehen, dann versuche, diese Ablenkungen beiseite zu lassen. Entscheide Dich dafür, einmal am Tag in Achtsamkeit zu sitzen und das vor Dir stehende Gericht zu genießen. Was isst Du da? Welche Zutaten kannst Du herausschmecken? Welche Farben sind auf Deinem Teller versammelt? Isst Du schnell oder eher langsam? Wohin ziehen Dich Deine Gedanken? Kannst Du ganz im Hier und Jetzt bleiben und mit allen Sinnen wahrnehmen, was Dich gerade nährt? Wer achtsam isst, bekommt einen ganz neuen Einblick in die Welt der Nahrungsmittel und entdeckt eine intensivere Wertschätzung für all die Lebensmittel, die uns täglich (und in Fülle) zur Verfügung stehen.

Achtsame Hygiene

Ja, das klingt im ersten Moment vielleicht seltsam. Aber falls Du auch zu dem Teil der Menschheit gehörst, der regelmäßig duscht, dann beobachte mal, in welcher Geschwindigkeit und mit welcher Intensität Du das Ganze ausführst. Musst Du in Rekordzeit fertig werden, weil der Bus gleich fährt oder Dein Chef heute noch das Meeting vorbereitet haben will? Dann muss es schnell gehen – und dafür finden wir tausend Gründe, denn meistens sind alle anderen wichtiger, als wir selbst. Ein weiteres Phänomen: Wie oft stehen wir unter der Dusche, genießen eigentlich das heiße Wasser und die Ruhe, denken dann aber „Also ein Bad wäre jetzt viel besser!" oder „In der Sauna wäre ich jetzt lieber!". Das ist das Gegenteil von Achtsamkeit, denn jetzt bist Du unter der Dusche – mehr ist nicht drin. Du kannst das Duschen herabwürdigen und andere Tätigkeiten vorziehen, doch damit versaust Du Dir ein paar entspannende Momente. Hast Du schon mal unter dem Wasserstrahl gestanden und dem Klang gelauscht, der sich ergibt? Hast Du schon einmal die Temperatur bewusst wahrgenommen und den Schaum auf Deiner Haut richtig gefühlt? Weißt Du, wie Dein Duschgel riecht? Du bist nicht allein, wenn Du findest, dass sich das freaky anhört, aber versuchen kannst Du es trotzdem mal, oder?! Dich sieht ja niemand. Diese vielen Kleinigkeiten, die wir jeden Tag tun, beinhalten wunderschöne und entspannende Momente, wenn wir das zulassen. Und das Allertollste ist, im Winter, wenn es draußen kalt ist, unter der Dusche im warmen Badezimmer zu stehen, das Wasser richtig heiß aufzudrehen und in den Nacken plätschern zu lassen – da hast Du dann doch ein bisschen Wellness in Deinen eigenen vier Wänden.

Achtsames Arbeiten

Die meiste Zeit des Tages verbringen wir mit Arbeit. Das kann im klassischen Sinn die Erwerbsarbeit sein, für manche ist auch Kindererziehung Arbeit (jaja, für Außenstehende sieht es vielleicht so aus, als wäre der 37. Gang ins Freibad ein beneidenswerter Ausdruck für zu viel Tagesfreizeit der Mütter, doch dem ist nicht immer so. Manchmal lägen wir viel lieber einfach daheim auf dem Sofa, statt permanent darauf achten zu müssen, dass niemand untergeht oder schreiende Kinder wegen eines Bienenstichs verarzten zu müssen). Wenn Du im Garten schuftest, einem Ehrenamt nachgehst, mal wieder den Kühlschrank füllen musst, das Auto aussaugst oder die Steuererklärung machst, sind das alles Tätigkeiten, die wir unter Arbeit verbuchen können. Bist Du mit Achtsamkeit dabei? Achtest Du darauf, wie es Dir währenddessen geht? Sind Deine Sinne auf Empfang? Sträubst Du Dich gegen die Aufgabe, der Du gerade nachgehst? Siehst Du einen Sinn darin? Atmest Du ruhig und tief oder flach und schnell? Versuche, während einer Arbeit des Tages, achtsam bei der Sache zu sein. Du kannst heute das Mittagessen achtsam zubereiten, Du kannst morgen das Meeting bewusst wahrnehmen und mit voller Aufmerksamkeit dabei sein, Du kannst übermorgen entschleunigt und geistig präsent durch den Supermarkt gehen oder zum Kundentermin fahren. Arbeite ein paar Minuten jeden Tag achtsam und beobachte, was sich für Dich dadurch verändert.

Achtsamkeit in zwischenmenschlichen Beziehungen

Beziehungen sind vielfältig und manchmal wunderschön, manchmal zum Brechen anstrengend. Es gibt Beziehungen, die wir uns bewusst ausgesucht haben und solche, die uns auferlegt wurden (darunter fallen beispielsweise Chefs, Kollegen, Nachbarn oder Kundendienstmitarbeiter). Doch es lässt sich nicht umgehen: Wir dürfen lernen, mit allen Menschen respektvoll und wohlwollend umzugehen, was natürlich bei den „Idioten" zur scheinbar unüberwindbaren Herausforderung werden kann. Sei Dir sicher, dass Du Dir Gutes tust, wenn Du damit beginnst, Deinen täglich erscheinenden Sparringspartnern mit Achtsamkeit zu begegnen. Höre zu, wenn Deine Schwester etwas sagt und antworte nicht sofort. Lass nach dem Apell des Vorgesetzten zwei Sekunden verstreichen, bevor Du antwortest. Sieh Deinen Kindern in die Augen, wenn sie etwas erzählen. Beobachte den Gang Deiner Kollegin, wenn sie morgens den Raum betritt. Sieh Dir Deinen Partner oder Deine Partnerin an, wenn er oder sie sich die Zähne putzt oder Auto fährt. Achtsamkeit verändert Beziehungen unwahrscheinlich, und dabei ist es egal, ob es sich um Menschen handelt, die quasi das Inventar Deines Lebens ausmachen, oder ob Du jemanden nur einmal im Leben siehst und danach wieder vergisst. Achtsamkeit im Umgang mit anderen Menschen lehrt vor allem Dich (und mit Dir bist Du 24/7 unterwegs) die Vielfalt der menschlichen Ausdrucksweisen, die Charaktereigenschaften der unterschiedlichen Personen, die Bedeutung eines Blickes, die Aussagen einer Körperhaltung. Wenn Du damit beginnst, achtsam mit Deinen Mitmenschen umzugehen, wirst Du Aspekte kennenlernen, die Du bisher nicht kanntest und die es wert sind, erkannt zu werden. Vielleicht merkst Du dann nach fünf Jahren Beziehung, dass Dein Schatz aktuell ganz schön die Schultern hängen lässt. Oder Du siehst plötzlich die krasse Anspannung im Gesicht Deines Kollegen. Oftmals beklagen Ehepartner oder Mitarbeiter einer Firma, vom Anderen nicht „gesehen" zu werden. Wenn man dann nachfragt, stellt sich nicht selten heraus, dass die Jammernden ihrerseits ebenfalls nicht bereit sind, aufmerksam und wohlwollend mit dem Menschen umzugehen, von dem sie genau dies erwarten. Du kannst andere Menschen nicht ändern, aber Du kannst Deinen Teil zu einer gelingenden und aufbauenden Beziehung beitragen. Beginne mit Achtsamkeit.

Möglicherweise bemerkst Du mit ein wenige mehr Aufmerksamkeit auch, dass die Energie einer Person Dich jedes Mal herunterzieht, was Du bisher aufgrund „guter Erziehung“ erfolgreich verdrängt hast. Oder Dir fällt plötzlich auf, dass es Menschen in Deinem Leben gibt, die Dich regelmäßig kritisieren und von ihrer Wahrheit überzeugen möchten. Hierzu gibt es ein schönes Zitat von Adele, das ich immer wieder lese: „I have insecurities, of course, but I don’t hang out with anyone who points them out on me.“. Unsere Beziehungen sind ein Spiegel unserer Selbst und es macht nicht nur deshalb großen Sinn, jeden Tag ein wenig Achtsamkeit auf die Menschen zu lenken, die uns umgeben.

Achtsamer Medienkonsum

Es ist mehrfach wissenschaftlich bewiesen, nur leider noch nicht in das Bewusstsein aller Menschen gedrungen: was wir hören und sehen beeinflusst maßgeblich, was wir denken und wie wir uns fühlen. Ein Mensch, der sich täglich oder immer mal wieder Krimis ansieht und sich, unbewusst oder bewusst, wiederholt angsterzeugende Bilder und Worte reinzieht, der schleppt diese Energie auch danach mit sich herum. Ein Mensch, der sich mit hasserfüllten und angstmachenden politischen Aussagen und Dokumentationen beschäftigt, wird diese Grundstimmung in sich tragen und entsprechend handeln. Ein Mensch, der im Gegensatz dazu dafür sorgt, sich regelmäßig humorvolle oder positiv konnotierte Medien anzusehen, hat eine viel offenere und positivere Einstellung zum Leben. Es ist also ganz und gar nicht egal, was Du Dir ansiehst, was Du liest und was Du hörst. Worte und Bilder brennen sich in unser Unterbewusstsein ein. Ich kenne das nur zu gut von mir selbst, denn ich lese seit vielen Jahren leidenschaftlich gerne Krimis. Mittlerweile bin ich jedoch umgestiegen auf weniger gewaltvolle und aufregende Romane, doch auch heute noch habe ich in gewissen Momenten meines Lebens eine große Angst – die daher rührt, was ich mir kognitiv zugemutet habe, nicht daher, dass ich bereits schlimme Erfahrungen machen musste. Mein Partner, der sich gerne mit krassen Dokumentationen oder spannenden Filmen beschäftigt, hat mittlerweile ein Problem damit, mit mir einen Filmeabend zu machen, denn wir werden uns nur noch selten einig. Ich möchte keine in die Luft gesprengten Häuser, verschleppten Kinder, vergewaltigten Frauen oder mordende Täter mit Skimütze mehr sehen. Ich möchte keinen Kloß im Hals und keinen hochangespannten Körper mehr haben, weil ein Film in mir Angst, Ohnmacht, Ekel oder Wut hervorruft. Da lese ich doch lieber Jojo Moyes.

Vielleicht magst Du in der nächsten Zeit beobachten, mit welchen Medien Du Dich tagtäglich beschäftigst. Du musst nicht bewerten, ob Deine diesbezüglichen Gewohnheiten gut oder schlecht sind, sondern einfach nachspüren, ob Dir das, was Du da konsumierst, guttut oder nicht. Wie geht es Dir, wenn Du eine Doku über Kindersoldaten gesehen hast? Was empfindest Du nach einem Krimi? Wie wirkst sich die Rede eines Politikers auf Dich aus? Wie gut schläfst Du, nachdem Du einen blutigen Thriller gelesen hast? Was geht in Dir vor, wenn Du Talkrunden zugesehen hast, die sich mit einem wie auch immer gearteten Feindbild beschäftigt haben? Was lösen die Medien, die Du konsumierst, in Dir aus? Hast Du dies eine Weile lang beobachtet, kannst Du Dir überlegen, ob es sinnvoll wäre, Deine Auswahl zu verändern.

Abend-Routine

Manche Menschen schlafen regelmäßig vor dem Bildschirm ein – gewollt oder ungewollt. Andere wiederrum lesen, bis ihnen die Augen zufallen. Und dann gibt es die bemitleidenswerten Geschöpfe, zu denen ich manchmal auch zähle, die sich abends stundenlang drehen und wenden können und trotzdem keine Ruhe finden. Ja, die Sache mit dem geruhsamen Nachtschlaf ist von Zeit zu Zeit eine herausfordernde. Ich habe festgestellt, je mehr ich mich tagsüber und abends von äußeren Dingen leiten lasse und dementsprechend mich selbst verlasse, desto schlechter schlafe ich ein und durch. Was wir am Abend machen und wie wir die letzten Minuten des Tages organisieren, hat einen großen Einfluss darauf, wie friedlich wir ins Land der Träume gleiten – oder eben nicht gleiten, sondern krampfhaft versuchen, dorthin zu kommen. Bildschirme sind, das hat die Wissenschaft mehrfach bestätigt, keine gute Idee, um nachts gut schlafen zu können. Außerdem, und das hatten wir gerade schon, ist die Auswahl der genossenen Medien maßgeblich dafür verantwortlich, wie wir uns fühlen und womit wir uns gedanklich beschäftigen. Schaffe Dir also eine entspannte Abend-Routine, wenn Du auch gerne besser und vor allem friedlicher einschlafen möchtest. Dafür gibt es genauso viele Möglichkeiten wie für die Morgen-Routine. Du kannst abends in die Badewanne liegen, eine Runde laufen gehen, Sport machen, Tee trinken, meditieren oder von mir aus auch malen, es ist wirklich egal. Im Grunde kannst Du alle Verhaltensweisen oder Gewohnheiten dazu benutzen, dich von dem eigentlich Wichtigen abzulenken (bevor Missverständnisse aufkommen: das eigentlich Wichtige bist Du!). Du kannst aber gewisse Routinen auch nutzen, um ruhig zu werden und bei Dir selbst anzukommen, Dich zu spüren. Es gibt übrigens auch zahllose geführte Meditationen, die Dir dabei helfen können, Dich zu entspannen und wieder bei Dir selbst zu sein. Du findest die Angebote entweder auf CDs oder im Internet und ich rate Dir, im Vorfeld eine kurze Sequenz zu prüfen, bevor Du etwas kaufst oder Dich darauf einlässt. Wenn die Stimme des Sprechenden Dir nicht zusagt, kannst Du Dich nicht hingeben und die Meditation wird ein Reinfall (schade, wenn die dann zehn Euro gekostet hat). Ein weiterer Tipp für die letzten wachen Minuten eines Tages ist ein Büchlein, in das Du jeden Abend hineinschreibst, wofür Du heute dankbar warst. Finde mindestens fünf Erlebnisse oder Dinge. Du kannst auch notieren, was Du heute erfolgreich gemeistert hast. Oder Du schreibst Dir auf, was am betreffenden Tag besonders gutgetan hat. Der Sinn eines solchen Notizbuches ist schlicht: Du beschäftigst Dich vor dem Einschlafen mit stärkenden und positiven Aspekten Deines Alltags oder Dir selbst. Zum Erfolgstagebuch rate ich Dir dann, wenn Du weißt, dass Du ein klitzekleines Problem damit hast, Dich erfolgreich und wertvoll zu fühlen. Ansonsten, geht es eher um Entspannung und einen positiven Blickwinkel, wähle eine der anderen Optionen. Und nicht schummeln – fünf Dinge findest Du jeden Tag!

Gedanken reflektieren

Got stress? You're arguing with what ist.

-Byron Katie

Unsere Gedanken sind der Schlüssel zu unseren Gefühlen. Je nachdem, wie positiv oder negativ Du die Dinge um Dich herum bewertest, desto besser oder schlechter geht es Dir. Ich möchte Dir in diesem Kapitel einen kleinen Einblick in das Tool geben, das mir dabei hilft, meine Gedanken zu sortieren. Die Rede ist von *The Work* von Byron Katie.

Doch zunächst einmal gehe ich darauf ein, wieso es meiner Meinung nach so unfassbar essentiell ist, die eigenen Gedankengänge und Glaubenssätze zu hinterfragen. Als wir uns mit achtsamem Medienkonsum beschäftigt haben, habe ich Dich bereits darauf aufmerksam gemacht, dass die Art der Inputs, die unser Gehirn erreichen, darüber entscheidet, wie es uns geht. Doch es ist nicht nur das von außen Kommende, das uns beeinflusst, auch frische oder weit zurückliegende Erfahrungen bestimmen unser Weltbild. Grundsätzlich sehen wir die Welt so, wie unsere Eltern und/oder Erzieher es uns beigebracht haben. Die Erfahrungen und Glaubenssätze, die die aus damaliger Sicht wichtigsten Menschen in unserem Leben uns beigebracht haben, formen unsere ganz eigene Brille, durch die wir jeden Tag schauen und nach der wir alles, was passiert, bewerten.

Glaubenssätze sind allerdings nicht so greifbar wie Gedanken, denn sie laufen unterschwellig ab. Hier die Top 10, in denen Du Dich vielleicht auch wiederfindest:

- Das Leben ist ungerecht.
- Im Leben bekommt man nichts geschenkt.

- Das Leben ist ein Kampf.
- Ich werde nicht anerkannt/gesehen/geliebt.
- Ich bin nicht gut genug.
- Ich muss mir Anerkennung verdienen/erarbeiten.
- Ich kann nicht...
- Ich darf nicht...
- Das macht man nicht.
- Ich bin das Opfer.

Diese Glaubenssätze, werden sie niemals erkannt und aufgedeckt, bestimmen das Leben desjenigen, der sie als wahr eingestuft hat. Es kann durchaus sein, dass es viele Gründe dafür gab, in der Kindheit einen solchen oder ähnlichen Glaubenssatz zu entwickeln oder zu übernehmen. Die Frage lautet nur: sind Deine Glaubenssätze hilfreich? Ist es hilfreich, das Leben als Kampf anzusehen? Profitierst Du davon, dass Du denkst, Anerkennung müssest Du Dir verdienen? Geht es Dir gut damit, Dich selbst herabzuwürdigen, indem Du Dich als mangelhaft wahrnimmst? Stärkt es Dich, wenn Du Dich in der Opferrolle siehst? Wir können lernen, alte Glaubenssätze zu enttarnen und zu transformieren. Das funktioniert nicht von heute auf morgen, denn sie sind tief in uns eingepflanzt. Wer 20 oder 30 Jahre lang ohne es zu wissen, denkt, er sei nicht gut genug, der wird bereits 1000 Belege für diese Einschätzung gefunden haben. Einen solchen Mechanismus umzukehren, ist mitunter eine ziemlich anstrengende Arbeit - doch sie lohnt sich!

Unsere Gedanken können wir eindeutiger und exakter formulieren, als unsere Glaubenssätze. Gedanken aus dem Alltag des Ottonormal-Bürgers können lauten:

- Oje, wie giftig der Nachbar schon wieder schaut.
- Mein Chef ist ein Idiot.
- Ich bin zu dick.
- Meine Frau sieht mich nicht.
- Die Küche muss ordentlich sein, sonst denken die anderen, ich sei faul.
- Mein Kind muss gute Noten schreiben.
- Ich muss mehr arbeiten.
- Wir haben zu wenig Geld.
- Mein Freund ist hinterhältig.
- Alle anderen wollen mir schaden.

Gedanken sind konkret, Glaubenssätze allgemein. Und doch hängen diese beiden Systeme miteinander zusammen, denn aufgrund meiner Glaubenssätze denke ich, was ich denke. Es ist eine Kunst, die eigenen Gedanken wahrnehmen zu können, wodurch wir in der Folge unsere Glaubenssätze aufspüren können. Genau hier greift übrigens die Meditation. Wer regelmäßig sitzt und atmet, der bekommt ein Gefühl für sich selbst und kann lernen, seine vorbeiziehenden Gedanken wahrzunehmen. Wir denken ständig und manchmal auch recht wirr, doch wenn wir darin geübt sind, unsere Gedanken zu beobachten, können wir damit aufhören, uns mit ihnen zu identifizieren. Dann kann es sein, dass Du demnächst denkst: „Ich muss mehr arbeiten!", danach aber analysierst: „Ach, schau an, ich bin schon wieder im Nicht-gut-genug-Modus. Da wollte ich doch nicht mehr hin." – danach kannst Du neue Gedanken in Dein Leben einladen, etwa „Ich arbeite genug und gebe mein Bestes.". Klingt das nicht weitaus besser und vor allem hilfreicher? Ich finde: absolut.

Nun aber weg von der Theorie, hin zur Praxis. The Work von Byron Katie habe ich im Sommer 2016 kennengelernt. Private Erlebnisse haben mich dazu gebracht, mich mit dieser Methode, dieser meditativen Form der Reflexion zu beschäftigen und mir fiel es eines Tages wie Schuppen von den Augen: Was ich da denke, ist absoluter Bullshit! Ein damals großes und schmerzerzeugendes Problem konnte ich mithilfe der beiden Arbeitsblätter lösen, was ich davor niemals gedacht hätte, denn ich war in der Opferrolle gefangen. Opfer zu sein, von anderen Menschen abhängig zu sein, mein Leben von dem Verhalten anderer bestimmen zu lassen, war für mich bis dato wirklich normal. Mein Glaubenssatz lautete „Ich bin Opfer.“. Und das heißt nicht, dass ich mit hängendem Kopf und schwarzen Klamotten durch die hiesigen Straßen geschlurft bin, niemand hat mir angesehen, dass ich diese Überzeugung vertrete. Dieser Glaubenssatz saß so tief, dass ihn niemand wahrnahm – nicht einmal ich selbst. Und übrigens sind die meisten von uns außerordentlich gut darin, Opfer zu sein, weshalb man sich in Gesprächen gegenseitig darin bestärkt, anstatt die Dinge mal von einer anderen Seite aus zu betrachten. Der leise Glaube daran, dass ich von anderen Menschen abhängig bin, hat mich jedenfalls begleitet und dazu geführt, dass es mir immer wieder mies ging. Meine Lebensfreude war davon abhängig, ob jemand mich liebt, lobt, schätzt, mag, bestärkt oder beschenkt. Heute ist das anders, aber ich muss immer noch daran arbeiten, denn in Fleisch und Blut ist es mir noch nicht übergegangen, dass ich völlig selbstverantwortlich bin. Wahrscheinlich werde ich noch eine ganze Weile daran arbeiten…

Byron Katie fragt ihre Klienten immer nach der Wahrheit, die den Gedanken oder Glaubenssätzen zugrunde liegt – oder eben nicht. Um das herauszufinden, empfiehlt sich der Gang zu einem The-Work-Coach, denn mithilfe einer außenstehenden Person ist es wesentlich einfacher, ungute und unwahre Gedanken zu erkennen. Du kannst aber auch damit beginnen, das Buch „Lieben was ist“ zu lesen und Dir im Internet die beiden Arbeitsblätter auszudrucken und allein zu bearbeiten. So habe ich begonnen – und was soll ich sagen, The Work hat mir so sehr geholfen! Ich gebe Dir hier ein einfach gestricktes Beispiel für die Fragen, mit denen man sich während einer Work beschäftigt, dieses Beispiel dient einzig dem Verständnis und kratzt nur an der Oberfläche. Die Antworten sind frei erfunden, sie können ganz anders lauten, es gibt kein richtig oder falsch. The Work ist eine schriftliche Meditation, die jeder ganz individuell beantworten soll. Wer dabei still ist, die Augen schließt, in sich geht, kann herausfinden, dass der schmerzvolle Gedanke ein Fake ist und mit der Wahrheit relativ wenig zu tun hat. Diese Erkenntnis ist für so viele Menschen wie ein Segen, denn sie macht vor allem eines: frei. Frei vom Verhalten anderer, frei von Schmerz, frei von Verzweiflung und dem Gefühl, doch niemals glücklich werden zu können. Für mich bedeutet The Work, endlich bei mir selbst anzukommen und aufgerichtet durch mein Leben gehen zu können. Selbstverantwortung pur.

Beispiel für The Work

Gedanke: Simon hört mir nicht zu und schätzt mich nicht.

Ist das wahr? – Ja.

Kannst Du mit absoluter Sicherheit wissen, dass das wahr ist? – Nein.

Was passiert, wenn Du diesen Gedanken glaubst? – Ich werde wütend auf Simon. Ich nehme Abstand und bestrafe ihn mit Nichtbeachtung.

Bringt dieser Gedanke Frieden oder Stress in Dein Leben? – Stress.

Welche Bilder aus der Vergangenheit siehst Du, wenn Du diesen Gedanken glaubst, und welche Körperempfindungen tauchen dabei auf? – Ich sehe mich kochen und ihn motzen. Ich sehe mich arbeiten und ihn mit Freunden feiern. Ich sehe mich alles alleine erledigen. Mein Hals wird ganz dick, ich habe einen Feuerball im Magen.

Welche Gefühle tauchen auf? – Wut und Ohnmacht.

Beginnen sich Zwänge oder Süchte zu entwickeln, wenn Du glaubst, Simon schätze und sähe Dich nicht? – Ja, ich fange an zu essen.

Wie behandelst Du Simon in dieser Situation? Wie behandelst Du Dich selbst? – Ich schreie Simon an und lehne ihn ab. Ich baue eine Mauer um mich herum. Ich werde wütend auf mich selbst und fühle mich ohnmächtig. Ich plage mich mit Gedanken an eine Trennung und bekomme Angst davor.

Wer wärst Du ohne diesen Gedanken? – Ich wäre zufrieden mit mir und ihm. Ich würde Simon gönnen, dass er mit anderen Leuten Spaß hat. Ich könnte ihn ruhig bitten, mich mehr zu unterstützen. Ich würde meine Arbeit einfach machen, weil sie jetzt gemacht werden muss. Ich wäre entspannt.

Kehre nun den Gedanken um.

Zu Dir selbst: Ich höre mir nicht zu und schätze mich nicht.

Zum anderen: Ich höre Simon nicht zu und schätze ihn nicht.

Ins Gegenteil: Simon hört mir zu und schätzt mich.

Nun finde für jede Umkehrung drei Beispiele, die in dieser Situation für Dich wahr sind.

Es kann an dieser Stelle gut sein, dass unsere beispielhafte Person feststellt, dass sie selbst Simon kaum zuhört, dass es aber auch schon viele Situationen gab, in denen er ihr durchaus zugehört hat. Außerdem kann sie möglicherweise eine Wahrheit in der ersten Umkehrung finden, indem sie Beispiele aus der Vergangenheit findet, in denen sie sich selbst nicht geschätzt hat. Was das Ganze bringen soll? Wir können endlich damit aufhören, andere Menschen für unsere Gefühle verantwortlich zu machen, denn das sind sie nie. Zur Erinnerung: in aller Regel wurde uns beigebracht, Opfer der Umstände zu sein, Ohnmacht akzeptieren zu müssen und um unsere Bedürfnisse, wie beispielsweise Liebe und Anerkennung, kämpfen zu müssen, weil wir sie nur von anderen bekommen können. Glücklicherweise ist das Quatsch. Ich bin dafür verantwortlich, gut zu mir zu sein, nicht mein Partner. Du bist dafür verantwortlich, zufrieden im Job zu sein, nicht Dein Chef. Es ist niemals die Aufgabe der anderen, uns glücklich zu machen, es ist immer unsere Aufgabe. Vielleicht hilft auch Dir *The Work*, und Du kannst durch die regelmäßige Übung Gelassenheit und Liebe in Dein Leben holen. Ich wünsche es Dir. Und wenn Du diese meditative Selbstreflexion gerade als Humbug empfindest, lass sie liegen und beschäftige Dich mit anderen Dingen. Deine Gedanken zu reflektieren und zu beobachten, geht auch mit „normaler" Meditation, Gespräche mit Freunden oder Therapeuten können ebenfalls dafür sorgen, dass Du die Mechanismen erkennst, die seit vielen Jahren im Hintergrund laufen. *The Work* erwähne ich deshalb so ausgiebig, weil mir persönlich nichts anderes geholfen hat und heute noch hilft, Frieden zu finden.

Ein Beispiel:

Ich kann heute damit umgehen, dass meine Nachbarin mich zu hassen scheint, ohne dass ich „ins Rennen" komme. Ich weiß, dass sie etwas glaubt, das sie dazu bringt, mich bescheuert zu finden. Das heißt noch lange nicht, dass ihre Gedanken etwas mit mir zu tun haben. Sie darf mich ignorieren oder hasserfüllt anschauen. Muss ich deshalb genauso handeln und ihr diesen Hass spiegeln? Nein, ich grüße sie weiterhin, denn mein Wesen, mein Ich ist so gestrickt, dass ich meine Nachbarn grüße (und ich habe einfach kein Problem mit dieser Frau!). Ich muss mich heute nicht mehr dem Verhalten anderer anpassen, obwohl sich in mir alles dagegen sträubt. Gleichzeitig darf ich beobachten, was diese so offensichtliche Ablehnung meiner Person mit mir macht. Tauchen Gedanken auf wie „Sie sollte freundlicher sein" oder „So eine blöde Kuh, die kriegt ihren Mund auch nicht auf!" dann kann ich mit der *Work* überprüfen, wie wahr meine Gedanken sind und was ich (!) tun kann, um freundlich mit mir umzugehen. Ich sage ja: Selbstverantwortung at it's best.

Achtsame Kommunikation

He said to her, all she ever needed: I believe in you completely.

- Atticus

Ich habe Kommunikation nicht in das Kapitel über Achtsamkeit aufgenommen, weil sie so viel mit unseren Gedanken zu tun hat, dass ich sie erst nach der Selbstreflexion mit Dir bearbeiten wollte.

Kommunikation ist unwahrscheinlich kraftvoll, sie hat so viel Power, dass mir die Worte fehlen, ihre Mechanismen kurz und knackig zu beschreiben. Natürlich resultiert die Art, wie wir sprechen, aus unseren Gedanken. Nur, wer negative, hasserfüllte oder schmerzhafte Gedanken hat, kann dies in seiner verbalen Kommunikation zum Ausdruck bringen. Gleichzeitig aber verstärkt das gesprochene Wort unsere Art zu denken (und damit auch zu fühlen). Es ist also ein Kreislauf, ein sich selbst permanent bedingender Zyklus: Der Gedanke erschafft das Wort, das Wort verstärkt den Gedanken, usw.

Neurowissenschaftler, darunter der bekannte Professor Gerald Hüther, haben herausgefunden, dass Ablehnung und herabwürdigende Begriffe und Aussagen im Hirn denselben Effekt haben, wie körperlich empfundener Schmerz, also beispielweise Schläge. Wenn ich also zu meinem Sohn sage „Dich will ich hier nicht haben, geh in Dein Zimmer!", feuert in seinem Gehirn der Bereich, der für körperliche Schmerzen zuständig ist – die Amygdala. Ist das nicht erstaunlich? Und ist das nicht ein riesiger Grund, besser darauf zu achten, wie wir miteinander sprechen und umgehen?! Mal ganz abgesehen von unseren Kindern, die so sehr von uns abhängig sind, verstärken wir mit jedem bösen Wort den tatsächlich empfundenen Schmerz in anderen Menschen. Ich finde, diese Erkenntnis ist es wert, die eigene Kommunikation drastisch zu überdenken.

Wenn wir uns nun ansehen, wie sich weltweit der Trend abzeichnet, Grenzen zwischen Menschen zu ziehen, Abschottung und Überheblichkeit zu zelebrieren und Angst und Hass zu schüren, verstehen wir dies besser, wenn wir uns mit der Rhetorik einiger mächtiger Menschen beschäftigen. Ein Politiker, der permanent davon spricht, eine gewisse Menschengruppe sei eine Gefahr und man müsse sich vor ihr schützen, schürt in seinen Anhängern, die sich diese Worte regelmäßig reinziehen, Angst und Hass. Die schleifenartig wiederholte Aussage von Gefahr bringt die Menschen dazu, Angst zu haben und dementsprechend mit Abwehr zu reagieren – selbst wenn faktisch nichts Schlimmes passiert ist.

Menschen, die für derartige Aussagen empfänglich sind, sprechen untereinander darüber, und bestärken sich in dem Gefühl, die eigene Identität zu verlieren, wenn Einwanderer kommen. Sie verstärken durch jede Unterhaltung das Gefühl des Hasses, denn das gesprochene Wort setzt sich wie ein Klettball im Hirn fest. Die vehemente Überzeugung, die sich daraus ergibt, ist kaum noch umkehrbar. Wenn man Menschen, die populistischen Politikern Glauben schenken, versucht zu erklären, dass viele der Aussagen schlicht Lügen sind, dringt man nicht mehr durch. Der bereits erzeugte Hass ist so groß, dass Sachlichkeit keine Chance mehr hat. An dieser Stelle möchte ich James Baldwin zitieren, der sagte: „Ich vermute, einer der Gründe, weswegen Menschen so hartnäckig an ihrem Hass festhalten, ist, weil sie spüren: ist der Hass erstmal fort, werden sie gezwungen sein, sich mit Schmerz zu beschäftigen." – Wie recht der Mann hat. Es ist wesentlich einfacher, Hass zu empfinden und diesen auf andere Menschen zu projizieren, als sich mit der eigenen Angst, dem eigenen Schmerz zu beschäftigen und die volle Verantwortung dafür zu übernehmen. Aggressive und schmerzerzeugende Rhetorik zielt jedoch genau darauf ab, andere für das eigene Unwohlsein verantwortlich zu machen und dadurch eine aggressive Dynamik in der Gesellschaft zu erzeugen. Fakten und Sachlichkeit kommen gegen diese starken Gefühle dann nicht mehr an.

Was lernen wir daraus? Je mehr wir uns mit solchen Politikern und ihren Aussagen beschäftigen, desto stärker dringen ihre Worte in unser Unterbewusstsein ein. Selbst, wenn wir anderer Ansicht sind und vielleicht wissen, dass der ein oder andere Satz gelogen ist, haben die Worte doch ihren Weg in unser Hirn gefunden – wo entsprechend reagiert wird, siehe oben. Ich bin ein sehr politischer Mensch, doch je mehr ich über die Verhaltens- und Reaktionsweisen unseres Gehirns und unserer Psyche weiß, desto häufiger überlege ich mir, ob ich auf die nächste Demo wirklich gehen will und ob ich mir die nächste Talkshow tatsächlich reinziehen möchte. Das gesprochene Wort macht etwas mit uns, immer. Es ist klug, sich gut auszusuchen, welche Worte man sich anhört und mit welchen Aussagen man sich beschäftigt.

Natürlich ist Kommunikation nicht nur im Politischen von großer gesellschaftlicher Bedeutung, auch im Privaten hat sie eine langfristige und tiefgreifende Macht. Es ist mir unmöglich, im Rahmen dieses kleinen Buches auf alle verbreiteten Aussagen Stellung zu nehmen oder mich mit allen Aspekten der zwischenmenschlichen Kommunikation zu beschäftigen. Auffallend wird die ganz normale, gewaltsame Kommunikation jedoch in den Bereichen Schule, Berufsleben und Gleichberechtigung. Kinder im Alter von sieben Jahren nutzen teilweise Schimpfworte, bei denen mir als Erwachsener ganz schlecht wird. Kinder, die in die zweite Klasse gehen, drohen anderen mit Denunziation, wenn sie nicht „spuren". Woher kommen diese Verhaltensweisen und Aussagen? Kinder kommen nicht mit dem Gefühl der Spaltung und der Abgrenzung auf die Welt. „Wenn Du XY nicht tust, wirst Du bestraft!" – wer so erzogen wird, gibt diese Art des Miteinander-Umgehens weiter, selbstverständlich. Kinder können sich, besonders in den ersten Jahren, nicht reflektieren, sie sind nicht in der Lage, aus sich heraus die Welt der Erwachsenen zu kritisieren, denn sie sind abhängig. Kinder kooperieren immer, denn sie können nur überleben, wenn sie von den Erwachsenen gemocht und versorgt werden. Deshalb dürfen alle Eltern, Erzieher und Lehrer sich überlegen, inwieweit sie achtsam kommunizieren und an welchen Stellen sie verbale gewaltsame Praktiken anwenden, um mit den Kleinsten unserer Gesellschaft leben zu können. Jedes gesprochene Wort wird vom Kind als Wahrheit abgespeichert. Hierzu gibt es ein schönes Zitat von Peggy O'Mara: „Die Art, wie wir mit unseren Kindern sprechen, wird ihre innere Stimme.". Es lohnt sich also, die eigene Kommunikation genau zu überprüfen, wenn es uns ein Anliegen ist, dass unsere Kids mit weniger negativen Glaubenssätzen in ihr Leben gehen, als wir es taten. Gewalt funktioniert eben nicht nur auf körperlicher Ebene, sondern zeigt sich auch in jeder Form der Drohung, Ausgrenzung und Herabwürdigung.

Und nein, ich möchte niemanden verurteilen, denn es geht nicht um Schuld oder irgendetwas ähnliches. Ich möchte Dich nur sensibilisieren für die Art wie Du, ob als Mann oder Frau, mit Worten umgehst, denn am Ende sprechen wir hier über die Würde des Menschen. Die Art, wie wir sprechen und die Entscheidung, mit wem wir uns austauschen erschaffen ein großes Bewusstseinsfeld, mit dem wir dann täglich durch unser Leben krabbeln. Unsere Kommunikation formt unsere Art, miteinander zu leben. Amen.

Stärkende Gewohnheiten

- Es gibt eine Reihe von hilfreichen Routinen, die Du in Deinen Alltag einbauen kannst. Das Ziel bestimmst Du allein, doch vielleicht geht es Dir darum, gelassener und achtsamer zu werden. Ich persönlich habe immer das Bild von Aufgerichtet-Sein vor meinem inneren Auge und richte meine Gedanken und Handlungen danach aus. Wie schaffe ich es, aufgerichtet durch mein Leben zu gehen? Was hilft mir dabei, mit Achtsamkeit durch den Tag zu gehen und liebevolle und von Wohlwollen geprägte Beziehungen zu führen? Und nein, ich schaffe das nicht ständig und auch nicht täglich. Doch ich habe gelernt, dass es gar nicht um Perfektion geht, sondern darum, Entwicklung stattfinden zu lassen. Manchmal schreie ich, manchmal behandle ich mich selbst schlecht, manchmal bin ich unfair zu anderen, manchmal verliere ich mich in Schmerz oder Horrorgedanken. Und dann arbeite ich daran, aus diesem Mist wieder aussteigen zu können. Mal gelingt dieser Versuch ganz gut, dann wieder ist er ein Kampf – das kennst Du sicher auch. Wir sind

Menschen, und es ist okay, Fehler zu machen. Sieh Dir die folgenden Stichpunkte an und überlege Dir, was Dir dabei helfen kann, Deinem Ziel näher zu kommen.

- Achtsamkeitsroutinen: Verwende ein paar Minuten eines jeden Tages darauf, achtsam zu sein mit den Dingen und Menschen um Dich herum.

- Meditation: Versuche regelmäßig, zu meditieren und Dich damit allein auf Dich und Deine Empfindungen zu konzentrieren. Es reichen schon zehn Minuten, du musst nicht jeden Tag zwei Stunden lang die Wand anstarren.

- Selbstfürsorge: Schaffe Dir jede Woche ein paar Stunden Freiraum, in denen Du nur das tust, was sich in diesem Moment richtig anfühlt. Du kannst schlafen, in die Badewanne liegen, joggen gehen, mit einem Freund telefonieren, Zeitung lesen, whatever.

- Dankbarkeit: Notiere Dir jeden Tag, wofür Du dankbar bist und was Du als Geschenk empfindest.

- Selbstreflexion: Beginne damit, aktiv Deine Gedanken und Glaubenssätze zu hinterfragen und suche

Dir gerne Unterstützung dafür. Manchmal haben Freunde die besten Einwände gegen Mechanismen, denen man selbst automatisch folgt. (Ich liebe es, wenn meine Freundinnen bestürzt ausrufen: „Ja sag mal, geht's noch, Julia? Das ist doch Quatsch! Was redest Du da?". Danke dafür. Ich brauche das von Zeit zu Zeit.)

- Positives: Umgebe Dich mit schönen Dingen. Kaufe Dir Blumen, wenn Du Blumen magst. Gestalte Deine Werkstatt so, wie sie Dir gefällt. Nutze das „gute" Besteck auch, wenn kein Christkind vor der Tür steht. Verströme mit einem Diffuser stimmungsaufhellende Düfte, wenn Du sie magst. Trage Klamotten, die Dir ein gutes Feeling geben. Höre Musik, die Dir gefällt und die Deine Laune hebt.

- Mitmenschen: Treffe Dich mit Menschen, mit denen es Dir gut geht. Es gibt Leute, die einem buchstäblich die Energie aussaugen und doch umgibt man sich immer wieder mit ihnen – das darf aufhören! Dein menschliches Umfeld prägt Dich, also entscheide Dich bewusst dafür, starkmachende und liebevolle Beziehungen zu führen.

- Bewegung: Versuche, Dich jeden Tag zu bewegen. Viele von uns sind aufgrund des Berufs oder der

Tagesabläufe wie am Schreibtischstuhl festgeklebt und das ist für unser Wohlbefinden nicht das Wahre. Vielleicht kannst Du ein paar Gewohnheiten ändern und ab sofort mit dem Fahrrad zum Job oder zu Fuß zu Freunden gehen?! Frische Luft versorgt unser Blut mit Sauerstoff, die Bewegung macht uns nicht nur körperlich, sondern auch geistig flexibler. Christian Morgenstern wusste bereits: „Gedanken wollen oft – wie Kinder oder Hunde – dass man mit ihnen im Freien spazieren geht!". Und wenn es einen Sport gibt, den Du gerne machst, dann lass Dich nicht ständig von irgendwelchen Verpflichtungen davon abbringen!

- Natur: Gehe so oft wie möglich raus in die Natur. Bewegung an der frischen Luft ist wohltuend, doch es macht für Dein Erleben einen großen Unterschied, ob Du an einer vierspurigen Straße entlangschlenderst, oder ob Du im Wald bist und Dich auf die kaum hörbaren Geräusche der Natur fokussieren kannst. Auch das bloße Sitzen an einem Dir nahegelegenen See, besonders wenn die Sonne untergeht, belebt Deine Seele und erschafft eine wunderbare innere Gelassenheit. Die Natur ist unser Freund und wir dürfen sie nutzen!

- Schlaf: Ausreichender Schlaf ist essentiell für den ausgeruhten, gelassenen und kraftvollen Menschen, der wir tagsüber sein wollen. Besonders wichtig sind dabei die Stunden vor 24 Uhr, denn in dieser Zeit schöpft unser System die meiste Energie und erholt sich vom vorangegangenen Tag. Sich morgens aus dem Bett quälen zu müssen, ist kein guter Start, sondern macht Dir die ersten Minuten schon zur Tortur. (Memo an mich: üben!!!)

- Kommunikation: Überlege Dir vor jeder Aussage: ist sie wahr? Ist sie hilfreich? Ist sie wohlwollend? Wenn nicht, lass es einfach gut sein und halte die Klappe.

- Balance: Es gibt sie, die Dinge im Leben, die einfach keinen Spaß machen oder tierisch nerven. Und wir müssen nicht zu jeder Minute alles liebevoll hinnehmen (es sei denn, Du bist Buddha). Sich hauptsächlich mit positiven Dingen zu beschäftigen, heißt noch lange nicht, alles Ungute zu ignorieren. Wenn Dir etwas weh tut oder wenn Du etwas einfach nur zum Brechen findest, dann ändere es. Versuche dabei nur, die Balance zu halten und Dich in Schmerzhaftem nicht zu verlieren (Stichwort Gehirnforschung). Kraft und Mut haben die, die für etwas sind, nicht gegen etwas.

Schlusswort

Here we are – am Ende meines kleinen Büchleins. Ich hoffe sehr, Dir mit meinen geistigen Ergüssen ein wenig geholfen zu haben. Wenn Du irgendeinen positiven oder nachahmungswürdigen Impuls aus diesen Seiten gezogen hast, ist mein Ziel erreicht. Alles, was sich für Dich unstimmig anhört, kannst Du einfach beiseitelassen. Glücklicherweise sind wir alle unterschiedlich und haben unseren ganz eigenen Horizont, unsere eigenen Erfahrungen, unsere eigene „Brille". Ich empfinde es als Geschenk, wenn ich Menschen darin unterstützen darf, ihren individuellen Weg zum Glück zu finden, und wenn ich dies nicht vermag, ist es auch völlig in Ordnung. Ich wünsche Dir, dass Du Deinen Weg erkennst, dass Du Deinen Mut und die innere Aufrichtung niemals verlierst und dass Du Deinen Wert lebst – jeden Tag. Und denke daran: Your speed doesn't matter, forward is forward.

Impressum

Grafenweg 1, 88316 Isny

Email: juliagarthen@gmx.de

www.goldeneschreiberei.de

Erschienen im Eigenverlag

Coverbilder:
stockphoto.com

Haftungsausschluss

Die Autorin übernimmt keinerlei Gewähr für die Aktualität, Korrektheit, Vollständigkeit oder Qualität der bereitgestellten Informationen, ist aber für Hinweise auf entsprechende Fehler jederzeit dankbar. Julia Garthen ist für eventuelle Schäden jeglicher Form aus keinem Rechtsgrund haftbar zu machen. Haftungsansprüche gegen die Autorin für Schäden jedweder Art, materiell oder ideell, sind grundsätzlich ausgeschlossen. Die angegebenen Informationen, Ratschläge und Ideen stammen aus dem Erfahrungsschatz der Autorin und wurden nach bestem Wissen und Gewissen recherchiert und publiziert.

Verwendete Markennamen im Buch unterliegen patentrechtlich dem jeweiligen Unternehmen, und dienen allein zur Orientierung und Unterstützung für den Leser. Für den Inhalt verlinkter Seiten haftet der jeweilige Betreiber.

46174830R00038

Printed in Poland
by Amazon Fulfillment
Poland Sp. z o.o., Wrocław